BLIAIN AN BHANDÉ
Year of the Goddess

Gabriel Rosenstock

First published in 2007 by
The Dedalus Press
13 Moyclare Road
Baldoyle
Dublin 13
Ireland

www.dedaluspress.com

ISBN 978 1 904556 66 4

Dedalus Press titles are represented in North America
by Syracuse University Press, Inc., 621 Skytop Road,
Suite 110, Syracuse, New York 13244, and in the UK by
Central Books, 99 Wallis Road, London E9 5LN

Printed and bound in the UK by Lightning Source,
6 Precedent Drive, Rooksley, Milton Keynes MK13 8PR, UK.

Typesetting and Design by Pat Boran
Cover image © Ivy O. Lam / iStockphoto

Bord na
Leabhar
Gaeilge

Tugann Bord na Leabhar
Gaeilge tacaíocht airgid do
Dedalus Press

The Dedalus Press receives financial
assistance from An Chomhairle Ealaíon
/ The Arts Council, Ireland

BLIAIN AN BHANDÉ

Year of the Goddess

poems in Irish with English translations

Gabriel Rosenstock

ACKNOWLEDGEMENTS

Some of these poems were first published in *Comhar, Beo, Sirena* and on the websites of *Poetry Chaikhana, Poetic Mysticism, PoetSeers* and *Non-Duality Salon Highlights.*

Why not envision a new eco-poetics grounded in a heritage thousands of years old which upholds that everything in the universe is sacred?
Francisco X. Alarcón

Space, time and Borges now are leaving me ...
J L Borges

The progress of an artist is a continual self-sacrifice, a continual extinction of the personality.
T S Eliot

BLIAIN AN BHANDÉ

Year of the Goddess

Clár/Contents

Nóta /Note   1

Taoi Ionam / You are in me   5
As Gach Póir Díot / From Each and Every Pore   6
Loch Goir / Lough Gur   7
Aer Glan / Clear Air   8
Nóinín a Phiocas / A Daisy Picked   9
Seanfhalla / Old Wall   10
Ní hAnn Dom / I do not exist   11
Gnáthmhaidin / Ordinary Morning   12
Dá mBeinn i m'Éinín / Were I a Little Bird   13
Cosnochta / Barefoot   14
Sneachta na mBunchnoc / Snow on the foothills   15
Ise / She   16
Do Nochtacht / Your nakedness   17
Gustaí Mhí Aibreáin / April Gusts   18
Ceathanna an Earraigh / Spring Showers   19
Samhradh / Summer   20
Míorúilt / Miracle   21
Suan / Sleep   22
Báisteach / Rain   23
Fíorchruth / True Form   24
Comhráite / Conversations   25
Colúr Marbh / Dead Pigeon   26
Deireadh le Saint / End of Desire   27
Mouna – **Tostdán** / *Mouna* – Poem of Silence   28
Iomann / Hymn   30
Bandia Buí / Goddess in Yellow   31
Inné / Yesterday   32
Yugapat-srishti / *Yugapat-srishti*   33
Fuath / Hatred   34
Gach Rud / Everything   35

Barróg / Embrace   36
Eolaíocht (1) / Science (1)   37
Do Lámh / Your Hand   38
Féach / Look   39
Conair an Scamaill Bháin / The Way of the White Cloud   40
Coillteán / Castrato   42
Frithshruthú / Regurgitation   43
Do Chuid Fola / Your Blood   44
Tar / Come   45
Seasann Tú / You Stand   46
Mí an Mheithimh / The Month of June   47
Éaneolaíocht / Ornithology   48
Coinneal / Candle   49
Ní Liom / Not Mine   50
Drithliú / Glisten   51
Turas / Journey   52
Fáinleoga / Swallows   54
Haiku / Haiku   55
Ná Tar Chugam / Come Not to Me   56
Meán Oíche / Midnight   57
Asukavi / Asukavi   58
Buaileann Clog an Aingil / The Angelus Bell Rings   59
Oíche an Lae Seo is Faide sa Bhliain /   60
        This Night of the Longest Day in the Year ...
Leachtach / Liquid   61
Bréag / A Lie   62
Deoir / A Tear   63
Ceo Brothaill / Heat Haze   64
Rinnfheitheamh / Meditation   65
Aon Dán / One Poem   66
Bás Mall an tSamhraidh / Slow Death of Summer   68
Deirid gur Daonnaí me / They Say I am Human   69
Fágaint / Leaving   70
Is é Do Thoilse é / It is Your Will   71

Bhí Eolas ag an bhFear Pluaise Ort /   72
    The Caveman Knew You
Man Bites Fox / Man Bites Fox   73
Táim Básaithe Cheana Féin / I am Already Dead   74
Atá na Briathra ag Leá / Words are Melting   75
Ozymandias / Ozymandias   76
Tonnta / Waves   77
Is Tú an Ghaoluinn / Irish   78
Aigne / Mind   80
Taoi Ionam is Fós Lastall, Conas? /   81
    You are in Me yet Beyond, How?
Gealtachas / Lunacy   82
Sú na bhFraochán / Whortleberry Juice   83
Eolaíocht (2) / Science (2)   84
Ce hÍ? / Who is She?   85
Tóg Chun do Dhraenacha Mé / Take Me to Your Drains   86
Le Breis is Míle Bliain / For More than a Thousand Years   87
Mhaireas / I Lived   88
Eolaíocht (3) / Science (3)   89
Seol do Shneachta Chugainn Go Luath /   90
    Send Your Snow Soon
Advaita / Advaita   91

Nóta / Note

Ní chuimhnítear ar na bandéithe a thug a n-ainm naofa d'Éirinn—Éire, Banba, Fódla—gan trácht ar na bandéithe eile a d'fhág a rian ar an tírdhreach, Danu agus an Dá Chích abair.

Bhakti a thugtar ar an bhfilíocht dheabhóideach san India, Mirabai ag glaoch ar a leannán diaga, Giridhar (Krishna), nó Muktabai a chanann as a drithliú féin. I ndeireadh na dála níl sa dia ná sa bhandia atá á adhradh ag an m*bhakta* ach an duine féin—breith ar ghile na gile síoraí is anam an uile dhuine againn.

Tá focail áirithe sa seicheamh dánta seo 'scáthaithe' agam chun léamh eile a dhéanamh ar líne, nó macalla éigin a chur inti, an mantra *om*, abair—cluiche a thaitníodh leis na Ceiltigh fadó.

One does not often think of the tripartite goddess who gave her blessed name to Ireland—Éire, Banba, Fódla—not to mention other goddesses who have left their trace on the landscape, Danu of the Paps of Danu for instance.

Devotional poetry in India goes by the name of *bhakti*. In the heel of the hunt, a *bhakta* does not really adore or pine for any god or goddess; as with Mirabai's love affair with Giridhar (Krishna), or Muktabai singing her own glistening Self; what is sought and what is praised is the brightness of eternal brightness, our shared Self, knowing neither birth nor death.

Some words in this poem sequence are 'shaded' to allow for another reading of a line, or a faint echo, a game much cherished by the Celtic poets of yore. Thus, the reader sees the word as the world when written as **world** and encounters bhakti invocations such as **ma** (mother) hidden in the word **ma**d!

GR

1

BLIAIN AN BHANDÉ

Year of the Goddess

You are in me

Bright**test** of beings
In sun-surp**rise**d February
Flower out of **sea**son
You illumin**ate** the night
A falling star
Shower after shower
My sky is empty now

You are in me

Taoi ionam

A bhé luisneach
A gh**rian** gan choinne i mí Feabhra
A bhl**á**th roimh am
Soilsíonn Tú an oíche
Titeann Tú Id réalta reatha
Sprais i n**dia**idh spraise
Is tá mo spéirse anois **lom**

Taoi ionam

As gach póir Díot

As gach póir Díot scallann an gh**rian**
Ar Do dhamhsa gan chríoch
Taobh dorcha na **gealaí** is geal
Má osclaíonn Tú Do bhéal
Éalóidh réaltaí, canfaidh i**om**ainn Duit
Is Tusa iadsan
Ealaí ag eitilt go gasta ar gcúl
Conas a shamhlóinn barr**óg** Uait
Mura bpléascfainn Id réaltbhuíon?

From each and every pore

Fr**om** each and every p**ore** look how the sun beams
On **Your** eternal dance
The dark side of the moon is bright
If You open **Your** mouth
Stars will escape and chant their hymns for You
You are they
Swiftly swans fly backwards
How can I i**ma**gine **Your** embrace
Without exploding in **Your** galaxy?

Lough Gur

From time's
beginning
daytime moon
above
Loch Gur

Loch Goir

Ó
thús
ama
Id ghealach sa ló
os cionn Loch Goir

Aer glan

As aer glan a tháinís
As spéir íon
Ár mbeatha
As tobar ár ndúile
D'éirim á brú orm go fíochmhar
Níl dóthain nóimintí sa lá
Nocht Tú féin
Do bheola
As a séideann
Teangacha lasracha
Mo dháin

Clear air

You came from clear air
Pure sky
Of our being
Wellspring of desire
Your fierce intelligence pressing on me
There are not enough minutes to the day

Show Yourself
Your lips
From which issue
The flaming tongues
Of my poem

Nóinín a phiocas

Nóinín a phiocas Duit
Agus ba ghrian chomh millteach sin é
Gur dalladh mé
Ach chneasaigh na piotail
I gceann na haimsire mé
Do ghéaga áthasacha
Ina gceann is ina gceann

A daisy picked

A daisy picked for You
Such a massive sun
I was blinded
But the petals healed me
In time
Your joyous limbs
One by one

Seanfhalla

Féach an seanfhalla coincréite seo
Á théamh ag an ngrian.
Is gearr go mbeidh na **sean**gáin amuigh
Chun damhsa Duit

Cé acu ab fhearr Leat é?
Gasta nó mall?
Nó iad a bheith ina stad?

Old Wall

Look at this old concrete w**all**
W**armed** by the sun.
Soon the ants will c**ome** out
To dance for You

What would You like?
S**om**ething rapid or languorous
Or that they be perfectly still?

Ní hann dom

Is ní **rabha**s riamh ann
Ní bhead
Níl slí d**om** Ionatsa
Níl slí d'éinne
Is Tusa sinn, is sinne Thú

I do not exist

I n**ever** was
Nor will be
No space for me in You
Or for anyone
You are us, we You

Gnáthmhaidin

Seachnaím seilide ar an gcosán
Titeann bláth orm
Gan aon bhréag
Tánn Tú dochreidte!

Ordinary Morning

I avoid a snail on the footpath
A blossom falls on me
You are so real
It's unbelievable!

Dá mbeinn i m'éinín

Na caora úd ar an gcuileann
Ar aon dath le Do bheola
Nach santach iad na héin Id **dhia**idh

Were I a little bird

Those berries on the holly
The same col**our** as **Your** lips
How birds hunger for You

Cosnochta

Tá an ghealach ina luí ar a droim
Glan ar meisce
Coimeádann sí na héin ina ndúiseacht
I dteanga iasachta atá a ngiob geab
Sníonn abhainn airgea**dúil** in aghaidh na fána,
Iompraíonn scáil na sceiche gile léi,
Taoi amuigh ag siúl, ní foláir, cosnochta

Barefoot

The moon lies on her back
Mad drunk
Keeping birds awake
They chat in a foreign tongue
A silvery river flows up the slope
Bearing with it the reflection of a fairy bush
You must be out walking, in **Your** bare feet

Sneachta na mBunchnoc

Nuair a leánn sneachta na mbunchnoc
Fanann Do ghile linn
Ní istigh ná lasmuigh Duit
Ach i ngach cearn den chruinne
Is i mbólaí nár aimsíodh fós

Snow on the foothills

When the **snow** of the foothills vanishes
Your brightness stays
Neither inside nor outside are You
But in all the uni**verse**
And expanses not yet known

Ise

Ise
Mise
M**ise**
Fuist!

She

She
me
me
Shhhh!

16

Do nochtacht

Chomh geal sin
Nach gcorraíonn suáilce ná duáilce ionam

Sea, Taoi nocht os mo chomhair
Ach nach bhfuil an féar nocht?
Tá an ghealach nocht
Nocht atá an drúcht
Is ní siocair pheaca dom iad.
Tusa nár pheacaigh riamh! A ghile!
Conas a pheacóinnse?

Your nakedness

So bright
Neither virtue nor vice stirs in me

Yes, You stand naked before me
But is the grass not naked?
The moon is naked
Naked the dew
They are not occasions of sin.
You who never sinned! Bright being!
How could I?

Gustaí mhí Aibreáin

Beireann Tú orm.
Mothallaíonn Tú mé.
Análaíonn Tú tríom

April Gusts

You catch me.
You tousle me.
Breathe through me

Ceathanna an Earraigh

Táim im líbín Agat.
Ar maos Ionat.
Ní bhead im ghai**neamh**lach
Go deo arís

Spring Showers

You have drowned me.
I am awash in You.
Never a**gain**
Will I be a desert

Samhradh

Ní sheasfad é
Ní sheasfad do shamhradhsa
Dófar m'inchinn
Ina **gualach** dubh
Chun portráid Díot a bhreacadh

Summer

I won't be able for it
I won't be able for **Your** summer
My b**rain**s will fry
Will turn to charcoal
To sketch **Your** portrait

Míorúilt

Ba mhór an mhíorúilt í.
Bhís le clos go soiléir
Im choiscéimeanna
Bhís le feiscint
I m'anáil

Miracle
It was a great miracle.
You were heard clearly
In my footsteps
You were visible
In my breath

Suan

Ní tha**gann** orm suan
Nuair nach gcodlaíonn Tusa riamh
Cé eile d'fhairfeadh do dhúiseacht
Ach an té a dhúisigh mé?

Sleep

Sleep does not come to me
You never slumber
Who else to keep watch over Your wakefulness
But the one You awakened?

Báisteach

An lá ar fad
        gan stad

Do ghruaig Agat
        Á ní

Lig d**om** í a thri**om**ú Duit
        Lem bhriathra

Rain

C**ease**less
        Rain

You are washing
        Y**our** hair

Let me dry it for You
        With my words

Fíorchruth

Tá D'fhíorchruth le **brath**
    I gcantain na n-éan
        Is ina dtost fada

True Form

Your true form is sensed
    In the song of birds
        And in their long silence

Comhráite

I **ndia**idh na g**com**hráite uile
Cá rabhais?
Bhís in easnamh
Ní bhaineann Tusa le tuairimí, le hargóintí,
Le léirmheasanna
Ná le faisean.
Sliabh is ea Thú
Dreapaim de shíor Thú
Éire, Banba, Fódla fúinn
An spéir os ár gcionn

Conversations

When the conversations ceased
Where were You?
You were ab**sent**.
Opinions and arguments
Are not of **Your** world
Or re**views**
Or **fash**ion.
You are a mountain
I constantly climb
Below is Ireland
The sky above

25

Colúr Marbh

Dhein duine éigin
Tú a chlúdach le páipéar donn
Is Tú i Do luí ar an gcosán
Ach ní mór dúinn Do bhás laethúil a fheiscint
Is Tú ag filleadh ar **neamh**ní

Dead Pigeon

Someone covered You
With brown paper
As You lay on the footpath
But we must see **Your** daily death
As You return to nothingness

Deireadh le saint

A bhandé bhán an oighir
Léigh an dán seo le Do bheola milse
Chun go leáfaidh Thú
Anois is ch**oíche**

Santaím do dhofheictheacht
Is deireadh le saint

End of desire

White goddess of ice
Read this poem with **Your** sweet lips
So that You **may** melt
Now and forever

I long for Your invisibility
The end of all des**ire**

Mouna – **tostdán**

Tostdán amháin a dhéanfaidh cúis
A raghadh go broinn Do thosta
Sularbh ann do na siollaí
Don mhead**aracht**
Is don rím

Tostdán Do bheith ionam an chéad lá

An mhaidin úd nuair nárbh ann ach D'fholt
Sular fhéachas isteach i Do dhá shúil ghorma

Sular tháinig D'osnasa chun mo bhéil

Mouna – poem of silence

Only a poem of silence will suffice
To penetrate the womb of Your silence
Before syllables were created
Metre
Or rhyme

The silent poem of my first being in You

That morning when there was nothing but Your hair
Before I looked into Your blue eyes

Before Your sigh came to my lips

Iomann

Is Tú an neantóg
Is Tú an cho**póg**
Is Tú an phian
Is tú an balsam
Is Tú an scáth
Is Tú an ghrian
Is Tú an oíche a chlúdaíonn iad go léir
Is eol Duitse go cruinn
Cathain a stopfaidh na héin dá n-i**om**ann
Is nuair a thosnóidh arís
Mar i gciúnas do chroí
Is Tú a chéadchum na nótaí

Hymn

You are the nettle
You the dock leaf
You the pain
You the balm
You the shade
You the sun
Night that cloaks all
You know precisely
When birds must cease their hymn
And when it will start all over again:
In the silence of **Your** heart
The notes were first co**mp**osed

Bandia buí

Bonsai.
Craptha.
Istigh.

Ní chuirfidh sé eolas ar Do bhliain
Ná ar mhí seo na gcaisearbhán
Atá ch**om**h buí sin
Gur buí ar feadh na maidine é
Éamh na bhfaoileán

Goddess in yellow

Bonsai.
Stunted.
Within.

It will never know **Your** year
Or this month of dande**lions**
So yellow
That all morning
Even the cry of seagulls is yellow

Inné

Bhí grá agam duit amárach
Beidh grá agam duit inné
Tá na haimsirí Ionat go léir
Dein do rogha rud leo
Scrios iad

Yesterday

I loved You **tom**orrow
Yesterday I will love You
All tenses are in You
Do with them what you will
Destroy them

Yugapat-srishti

Ní raibh puth ann roimhe seo
Ní raibh cloch
Ná abhainn
Ná pláin**éad**
Anois díreach a dheonaigh Tú dúinn iad

An ne**om**at beannaithe so

*Yugapat-srishti**

Not a puff of breeze existed
Not a stone
River
Or planet
This instance You **bring** them all into being

This sacred m**om**ent

———————

*instantaneous creation

Fuath

Lucht ola an mheán oíche a dhó
Is fuath leo na briathra so gan dua
Ach táimse beag beann ar a mbeannachtaí
Is ar a mallachtaí
Níor chuas-sa ar thóir na héigse b**uile**
Is Tusa a tháinig do mo lorgsa
As mo thnúth a nochtais chugam

Hatred

Those who burn the midnight oil
Hate these effortless words
But what to me their blessings
Or their male**diction**s?
I did not seek out this crazy poetry
It was You who came to me
Out of my desire You were moulded

Gach rud

Díríonn gach rud ort
Mar a ordaíonn Tú
Molann gach saothar Thú
Gach siolla
Is maith nach bhfuil teorainn leis an gcruinne
Nó bheimis inár ng**ealta**ibh ar fad

Everything

Everything points to You
As You have ordained
All works p**raise** You
Every syllable
It is good that the universe is limitless
Or we would all be flaming lunatics

Barróg

Rug an ceo barróg ar an lá
Géaga na gcrann ag dul as
Bímid ár síorthástáil
Ag Do ghrá gan chompás

Ní fios na haoiseanna a d'imigh
Cloistear an snagcheol arís—i gcogar—
Do ghal gréine

Embrace

Mist embraced the day
Branches of trees disappearing
We are constantly tested
By Your love that knows no compass

Countless ages went by
Your jazz is heard whispering again
A sunburst

Eolaíocht (1)

Ní éiríonn an ghrian
Ná ní théann a luí
Éirímid Ionatsa
Is Tú ár mbrí

Ceo maidine is ea D'anáil
Drúcht an tráthnóna Do phaidrín

Science (1)

The sun rises not
Nor does it set
We rise in You
Life's meaning

Morning mist Your breath
Your rosary, dew of evening

Do lámh

Is nuair ná bím ag smaoineamh
Sea a smaoiním Ort
Ach ní smaoineamh é:
Cumhracht Do láimhe
Is é seo Agat á scríobh

Your hand

It is when I am not thinking
That I think of You
But it is not a thought:
The fragrance of **Your** hand
As You write this

Féach

'Féach!'
Im ghlas-stócach dom
Ní raibh aon ní ab iontaí
Ná péint lonrúil.
Arbh in an uair
A cuireadh an síol
A d'fhásfadh Ionatsa?

Look

'Look!'
As a half-grown boy
There was no greater wonder
Than luminous paint.
Was that the hour
The seed was planted
That would grow in You?

Conair an Scamaill Bháin

Conair an Scamaill Bháin

Do chonairse

thar ilchríocha

thar easa

thar riasca

thar chathracha

thar shléibhte

thar aibh**neacha**

thar aillte

thar mhóinéir

thar fhothraigh

thar choillte

is thar lochanna

ina bhfaigheann

Tú spléachadh

ort féin

The Way of the White Cloud

The Way of the White Cloud

Is **Your** way

Over continents

Over waterfalls

Over **ma**rshes

Over cities

Over mountains

Over cliffs

Over meadows

Over ruins

Over woods

And over lakes

In which You

catch a glimpse of

Yourself

Coillteán

Ligeas d**om** féin bheith im choillteán
Ar maos i mbainne is i gcodlaidín, gearradh mé
D'fhonn na nótaí is airde, is binne a chanadh Dhuit
Is bhíos i m'ain**geal** ainnis os c**om**hair an tsaoil
Chanas gur chailleas mo ghuth
Is mo chiall
Tá mo smig maol
Triailfead cleas eile amárach
Im ghréasaí br**óg**
Sea, tosnód as an nua ag Do dhá throigh

Castrato

I allowed myself bec**om**e a castrato
Steeped in milk, in opium, I was cut,
To sing the highest, the sweetest notes for You
What a miserable angel I was in the sight of the world
I sang until I lost my voice
And my senses
My chin is bare
I will try new tactics **tom**orrow
Be a shoe**mak**er
Yes, begin all over again at **Your** feet

Frithshruthú

Tugann an mháthair
Bia **frith**shruthaithe don ghearrcach
Feicim gach maidin í

Tugann Tusa an chruinne ar fad dúinn
Frithshruthaithe
Is mar sin a bhraitheann sé
Is mé ag slogadh.
An blas?
Bláth na n-úll tugtha chun cuimhne

Regurgitation

The m**other**
Gives regurgitated food to the nestling
I see her every morning

You give us the whole universe
Regurgitated
That's how it feels
When I swallow.
The taste?
Remembered apple bloss**om**

Do chuid fola

Sníonn Do chuid fola ionam
A chuisle
Níor cheart **dom** aon ní a ithe
Ná a ól
Is ceart **dom** bheith beo ar T'anáil

Your blood

Your blood flows in me
Pulse of my heart
I should eat nothing
Drink nothing
Be alive only in **Your** breath

Tar

Ní chan**tar** faoin tubaiste farraige
Ar an oileán
Naoi gcloigne dhéag a cailleadh

Bhí na hamhráin ann, bhí
Ach sciob barr geal na dtonn iad

Tar, tar as an duibheagán
Can, can dúinne iad
Is do mhuintir an oileáin

Come

They do not sing about the sea disaster
On the island
Nineteen died in all

The songs were there, yes
But were **swept** away by foam

Come, **c**om**e from** the depths
Sing, sing those songs for us
And for all the island souls

Seasann Tú

I ngasa arda caola na dtiúilipí bándearga
A chuireas: glas

Plandaím istigh is amuigh Thú
In áiteanna nár fhás aon ní riamh
Is seasaim Leat
Cromaim
I gcruth a bhí riamh ann

You stand

As tall thin stems of pink tulips
I planted: green

Inside and outside I plant You
In places where nothing ever grew
Standing with You
Bending
To a shape that was always **there**

Mí an Mheithimh

Tá mí an Mheithimh ag teannadh linn
As cén áit?
Nach Tusa an Meitheamh
Nach Tú gach mí?
Bí ag teannadh Linne, a mhí an Mheithimh …
Crainn i mbun rinnfheithimh

The month of June

The month of June draws near
From where?
Are You not June
And every month?
Come, June, draw near to Us, June…
Trees are in meditation

Éaneolaíocht

Cad a fhágann siad ar lár
ar maidin
is iad ag trácht Ort?
Faic.
Is um thráthnóna
an claisceadal céanna arís?
Ní hea.
Tá traochadh beag ina nglór
is Tú á gcur chun suain.
I dtost na n-éan a chodlaíonn Tú
ina gclúmh suaimhneach
aimsímid a chéile, leathnóta fós le ceiliúradh

Ornithology

What is it they miss
in the morning
when describing You?
Nothing.
Is it the very same concert
at evening?
No.
A little weariness now in their voices
as You lull them to sleep.
You slumber in the silence of birds
and in their unruffled plumage
we find one another, a half-note yet to trill

Coinneal

Coinneal ag dul as déanach istoíche
A solas á shantú aici go géar
Is ansan faic.
An gearrshaolach é Do la**om**sa
An neamhní Tusa leis?
Céir agus buaiceas, is substaintí iad
Tá críoch i ndán dóibh.

Substaint agus neamhshubstaint atá Ionatsa
Cur Leat ná baint Díot ní féidir
Ní go dtumtar Id lasair gheal
A thuigtear gurb ann Duit

Candle

A candle flickers late at night
Greedily hanging on to its flame
And then nothing.
Is **Your** light so short-lived?
Are You, too, nothing?
Wax and wick are substances
And, as such, c**om**e to nought.

But You are all substances and none.
Nothing of You can be less, or more.
Only by **plunging** deep into **Your** flame
Can we know that You are.

Ní liom

Ní liom an tigh seo
Ní liom na leabhair a léim
Ná a scríobhaim
Ní liom an bia a ithim
An deoch a ólaim
An t-aer a análaím
Na balcaisí a chaithim
Ní liom aon ní
Aon ní dá bhfuil ann
Is a dteagmhaím leis
Is Leat amháin é, is Tú

An chruimh go domhain i m'uaigh
Sea Thú.

Not mine

Not mine this house
Not mine the books I read
Or write
Not mine the food I eat
Or what I drink
The air I breathe
The clothes I wear
Nothing is mine
All that is
And all that I touch
Is Yours alone, is You

The maggot deep in my grave
Is You

Drithliú

Maidin an**am**sheilge í an mhaidin seo arís
Im sheabhac d**om**
Foirmíonn Tú cuar an ghoib
Snasann Tú an tsúil
Cuireann faobhar ar chrobh
Glanann Tú an spéir
D**rith**líonn an d**om**han

Glisten

Another soul-hunt morning
You **ma**ke me into a hawk
Form the curve of beak
Polish the eye
Shar**pen** talons
And c**lear** the skies
The world **glistens**

51

Turas

Deireadh seachtaine saoire bainc.
An stáisiún plódaithe
Is sinne ag dul i dtreonna difriúla
Chun bualadh Leat
Beidh tú romhainn ag ár gceann scríbe
Id Phallas Aitéiné
Dlaoithe go com leat
Á gcorraí ag aer farraige
Seinnfear foinn mhalla Dhuit
Sna pubanna istoíche
An phíb uilleann, an cairdín,
Bodhrán is veidhlín,
Poirt agus ríleanna
Canfar *Tá mé i mo Shuí* Dhuit
Is seasfaidh Do réaltaí sa spéir
Ár dtreorú abhaile

Journey

Bank holiday weekend.
The station is teeming
As we travel in different directions
For our tryst with You.
You will meet us at journey's end
As Pallas Athene
Locks curling down to Your waist
Ruffled by sea breezes.
Slow airs will be played for You
In the pubs at night
Uilleann pipes and accordion,
Bodhrán and fiddle
Jigs and reels
Someone will sing *I Lie Awake* for You
And Your stars will stand in the sky
To lead us home

Fáinleoga

Tá fáinleoga sca**oilte** ar fud na firmiminte Agat
Feicim iad
Is ní fheicim
Cloisim iad
Is ní chloisim
Feicim is ní chloisim
Cloisim is ní fheicim
Tá's Agat conas mé a mhealladh

Swallows

You have released sw**all**ows over the skies
I see them
See them not
Hear them
Hear them not
See without hearing
Hear without seeing
You know how to tempt me

Haiku

i bhfolach sa dorchadas
    na crainn a dhúisíonn
        dár maidin

    hidden in the dark
        the trees that awaken
           to our morning

Ná tar chugam

Ná tar chugam im chuimhne
Scriostar na cuimhní
Ná tar chugam im thaibhreamh
Scriostar na taibhrimh
Ná tar chugam i m'ais**ling**
Scriostar na haislingí
Tar chugam Anois
Sular féidir Anois a scríobh
Sular féidir Anois a rá
Fan li**om** anois is go brách

Come not to me

Come not to me in **me**mory
Let **me**mories be destroyed
Come not to me in a dream
Let dreams be destroyed
Come not to me in a vision
Let visions be destroyed
Come to me Now
Before Now can be written
Before Now can be said
Stay with me now and forever

Meán Oíche

Meán oíche i gcroílár an Mheithimh.
Mórthost dorcha seo na n-éan
Nach le tuiscint é ach le **mór**amh.
Táid amuigh ansan ina mílte is iad gobdhúnta
Ag **tais**ceadh mhil T'fhuinnimhse
Go hamhscarthanach.
Dúiseodsa **rom**pu
Is ligfead dóibh mo dhán a chanadh Dhuit
Is eol dóibh go binn cad is mian li**om** a rá.
Lig d**om** aithris a dhéanamh **ort**hu ar ball:
Cantain chaoin gan chuimh**neamh**
Ceiliúradh cinniúnach,
Ár lonnú Id nád**úr** séimh

Midnight

Midnight in the he**art** of June
This great dark silence of birds
That cannot be known, only praised.
Out **there** in their thou**s**ands they are, beakshut
Honey**com**bing Your energy
Until dawn break.
I will awake before them
And let them sing my poem **for** You
They k**now** what sweetness I wish to convey.
Let me imitate them in a while
Mindless gentle trilling
A warble of destiny
Settling softly in **Your** nature

Asukavi*

Is ióga ársa é mo dhánsa Dhuit
Rinnfheitheamh is ea é
Machnamh is ea é
Friotal é mo dhánsa Dhuit i dtost
Mo shiúl mo dhánsa Dhuit mo shuí is mo sheasamh
Mo luí
Tusa mo dhán uile
Cad eile atá ann?

(Duine a chumann filíocht ar bhonn spontáineach)

Asukavi*

My poem for You is ancient yoga
Is contemplation
Is meditation
My poem for You is speech in silence
My walking is my poem for You my sitting down my standing
My lying down
You are all of my poem
What else is there?

(One who composes poetry spontaneously)

Buaileann Clog an Aingil

Bogaid ó bhile go bile
Éiníní geala an tráthnóna
Gluaiseann Tríot
Cromann géag
Séideann gaoth
Nach socair a ngreim!
Ní thitid riamh
Má eitlíonn Uait
Is Ortsa a thuir**ling**eoidh
An neart atá iontu!
Buaileann Clog an Aingil

The Angelus Bell Rings

F**rom** tree to tree they move
Bright birds of evening
Moving through You
A branch bends
The wind blows
They never **fall**
Should they fly away f**rom** You
In You again they rest
Such strength they own!
The Angelus bell rings

Oíche an Lae Seo is Faide sa Bhliain

Maitheann tú gach rud san oíche
Dorchaíonn Tú ár ndorchacht ghlé
Doirteann Tú dúch Do chroí orainn
Chun an dán seo ar phár geal a rá.
Aoi**bhinn** í Do scáil shíoraí
A ghealann gach **bíog** ionam
I dtreo is go scairtimse
Om Om Om Om – malairt mo!

This Night of the Longest Day in the Year

All things are for**given** by You in the night
You darken our glowing darkness
You p**our** the ink of Y**our** he**art** on us
To utter this poem on b**right** paper.
Your endless shadow is splendid
And brightens all my impulses
So that I cry
Om Om Om Om – not I …

Leachtach

Tá gorm tá corcra
airgead Id amhscarthanach
cén fáth a bhfuilim im shuí?
An ag tnúth le hór atáim?
Ór leachtach cheana sinn!

Liquid

There is blue there is purple
Silver in **Your** dawn
Why am I awake?
Am I waiting for gold?
We are liquid gold already!

Bréag

Tá gach éinne
Do Do lorg
Is do Do sheachaint
Gan fhios dóibh féinig.

D'aim**síos** sa teanga thú
Is tú an Briathar
File mé a shnámhann as Do bhroinn
Is ar ais inti
Br**éag** is ea an siolla
Nach Díotsa nach Tríotsa é

A Lie

Everyone
Seeks You
And avoids You
Unknown to themselves

I found You in language
You are the Word
I am a poet swimming fr**om Y**our w**om**b
And back again
Every syll**able**
Not **Yours** through You
Is a lie

Deoir

Uaireanta is léir dom
deoir bheag airgid
á sileadh ag réalt
faoi mar nach raibh san fhoirfeacht
ach aisling gheal
gan bhonn
ach nuair a fhéachaim arís—
ní tais dom ghrua

A Tear

Sometimes I see
a silvery tear
shed by a star
as though perfection
were nothing but a bright vision
without foundation
I look again—
my cheek is not moist

Ceo brothaill

Scoil**teann** c**ré**
    sear**gann** duilleog
        poigheachán á róstadh
           ag tnúth led drúcht

Heat haze

Earth cracks
    a leaf wastes a**way**
        empty snail-s**hell** roa**sting**
           longing for **Your** dew

Rinnfheitheamh

Thaistil an réalt
Nó an é an domhan a thaistil?
N'fheadar
Nuair d'fhéachas arís
Idir mo dhá mhala
A bhís

Meditation

The star travelled
Or was it the earth
I know not
When I looked again
There You were
Between my brows

Aon dán

Aon dán amháin is ea gach **dán**
A scríobhadh Duit
Aon anáil amháin
Aon fhocal, aon siolla

Aon **ré**alt
I measc na reann neimhe
I spéir gan chuimse
Aon chumh**racht**
I measc na gcumhrachtaí uile

Óir is Tú
A chuireann cumhracht sa bhria**thar**
A sháraíonn brí
Lastall de na réaltaí
Lastall den bhriathar
A shoilsíonn ionam

One Poem

Every poem written for You
Is the one poem
One breath
One word, one syllable

One star
Among all heavenly bodies
In a limitless sky
One fragrance
Among all

Since it is You
That gives fragrance to the word
That surpasses meaning
Beyond the stars
Beyond the word
That shines in me

Bás Mall an tSamhraidh

Tá an samhradh cheana féin ag éag
Ar gach géag; ní éagann Tusa.
Is geal leat bheith ag síorathrú
Is ag claochlú choíche
Níor chuala riamh tusa bheith id loch
Och! Gan mise i m'iasc Ionat ag faire Ort
Ní rabhais riamh id ghaineamhlach, a chroí istigh
Gan mise im ghráinnín Tríot ag corraí
   Faoi bhun an reophointe fiú
   Taoi ag cuisliú

Slow Death of Summer

The slow death of summer now
On every bough; You do not die.
To change is Your de**light**, to repose
To metamorphose.
I never heard that You were a lake
And did not **ma**ke a fish of me, watching You
Or again, a desert
Was I not a grain stirring in You?
   Below zero by **ma**ny degrees
   Your pulse does not freeze

Deirid gur daonnaí mé

Deirid gur d'fhuil is d'fheoil mé
Ní heol dóibh faic
D'ólais gach braon díom, shlogais gach orlach,
Límse an smior atá ag glioscarnach timpeall do bhéil

They say I am human

They say I am flesh and blood
Little do they know
You drank each drop of me, swallowed every inch
I lick the marrow that glistens around Your mouth

Fágaint

Nuair a d'fhágais gan spás gan am mé
Is ea a bhláthaís i lár an tsamhraidh ionam
Is bheinn fós Ionat
Ach gur reoigh dord an chuisneora mé
Cathain a bheidh an tost féin ina thost
Cathain a thráfaidh an éigse?

Leaving

When You left me without space or time
Was when You bloomed in me in summer
I would still be in You
But for the hum of the fridge that froze me
When will silence itself be silent
When will poetry softly ebb away?

Is é Do thoilse é

Is é do thoilse é
Go ndreapfadh an nathair an crann
Is go n-íosfadh an ubh
Is é do thoilse é ubh eile a spáráil

Ná spáráil mo dhánsa
Tar is réab an nead
Fág folamh mé id ghrásta

It is Your will

It is Your will
That the snake ascends the tree
And eats the egg
It is Your will that another egg be spared

Spare not my poem
Rob the nest
Leave me empty in Your grace

Bhí eolas ag an bhfear pluaise ort

Is cinnte go raibh eolas ag an bhfear pluaise Ort
Is gur Tusa a chothaigh is a spreag é
Chun sléibhte is farraigí a aithint
A ainmniú
Sular tháinig na focail as an bhfolús
Luathshiollaí á bhfoirmiú i mbolcáin
Ag gluaiseacht in oighearshruthanna
Á rá ag an ngaoth
Athchnuasaím go léir anois Duit iad

The caveman knew You

The cave**man** knew of You surely
You nurtured him, inspired him
Recognising mountains and seas
Naming them
Before words came fr**om** the void
Proto-syllables forming in volcanoes
Carried by glaciers
Spoken by the wind
I gather them all for You now

Man Bites Fox

D'fhanas im shuí
An oíche go léir
Ag féachaint ar an **nuacht**
An sionnach sleamhain slíoctha
Níor luaigh sé Thú
Ná bánú do lae ghil
Bhfuil stáisiún eile ann?
Dobharchú?
Fiolar maol?
Frog bog méith?
Cumfad mo nuacht bheag féin

Man Bites Fox

I stayed awake
All night
Watching the news
The slippery sleek fox
Didn't mention You
Or **Your** bright day appearing
Is there another station?
Otter?
Bald eagle?
Soft flabby frog?
I'll write my own news

Táim básaithe cheana féin

Ghoin do shéimhe mé
Do thrócaire ba thrúig bháis dom
Goineoga milse trí gach ball díom
Ní léir dom an Ghaoluinn ná aon teanga eile
Ní léir dom ach an tuiseal gairmeach i bhfriotal aineoil

A thost so ionam
Ag corraí

I am already dead

Your mildness wounded me
Your mercy was the death of me
Sweet snake fangs in all vital organs
Gaelic fades and all other languages
I only know the vocative case in an unknown tongue

Silence stirring
Within

Atá na Briathra ag Leá

Briathra ag pósadh, ag scaradh,
Ag teacht le chéile
I gcuilithíní
I bhfoirmlí ailceimice
Gutaí nua á bhfoirmiú
Éilíonn Tú teanga nua
Is táimse ag athrú, ag iompú
Móilín i ndiaidh móilín
Im ghabha óir

Words are Melting

Words marry, separate,
Come together again
Running into one another
In alchemic formulae
New vowels are being forged
You insist on a new language
Molecule by molecule
I become
A goldsmith

Ozymandias

Tusa a ph**óg** é,
Ozyman**dia**s, Rí na Ríthe,
Tusa a bhasc is a chloígh é
D'fhonn é bheith Leat, bheith Ionat
D'fhéadfadh go bhfuil **grá**innín dá leacht
Ag corraí fós i ndíseart éigin—
Is i ndóchas an **dom**hain

Ozymandias

You it was who kissed him,
Ozy**ma**ndias, King of Kings,
Who shattered him, defeated him
To be with You, in You
A tiny grain from his monument
May still be stirring
Somewhere in the waste—
And in the hope of the **world**

Tonnta

is Tú
na tonnta
geala
bána
is Tú
an duirling
is Tú
an gaineamh
mín
tar éis
na mílte
bliain
is Tú
an cáitheadh
ag dul as
Ionat féin
an ghaoth
a fhoirmíonn
an folús
is ea Thú
is Tú
blas goirt
an tsáile
ar mo bhéal
is an teanga
atá á lí
is Tú an duibheagán
is an cuan
cé eile ach Tusa
a dhúisíonn
Manannán mac Lir
as a shuan?

Waves

You are
the bright
the silvery
waves
You
the rocky foreshore
You
the smooth
sand
after
a thousand
years
You
the spume
vanishing
in Yourself
the wind
that shapes
the void
is You
You
the salt taste
of brine
on my lips
and the tongue
that licks it
You the dark depths
and the harbour
who else but You
awakens
Manannán mac Lir
from slumber?

Is Tú an Ghaoluinn

Is Tú gach teanga
Atá ag saothrú an bháis
Is Tú a n-athbheochan
Mairfidh an Ghaoluinn go brách
Géaga Díotsa
Is ea gach briathar, gach ainmfhocal,
Gach ai**diacht** is dobhriathar
Gach forainm, gach siolla
Is an dubhfhocal féin
Gach consan is guta, séimhiú, is urú.
Ionatsa a shlánaítear
An leathfhocal ina nath glé
Tríotsa bíonn gach seanfhocal nua

Gramadach na cruinne is ea Thú
Le sealbhú

Irish

You are every tongue
In its death throes
And in its revival
Irish will live forever
Your limbs
Are all its verbs and nouns
Adjectives, adverbs,
Pronouns, every syllable
And riddle
Every consonant and vowel, lenition, eclipsis.
In You the half-said thing is known
In perfect clarity
Through You every proverb is made new

You the grammar of the universe
Which we must learn

Aigne

Tá m'aigne caite i dtraipisí agam
Má ba í m'aignese í, arú.

Chaitheas ar an gcarn bruscair í
heap
As teacht idir mé is Tú

Tagann na francaigh
Ag súil le cothú
Ach níl faic faoin spéir le cogaint –

Saothar amú

Cad tá fágtha a thiocfadh eadrainn?
    Can cu –cu-cú!

Mind

Mind has been dumped
Mind that never was, for sure.

Consigned to the rubbish

For coming between me
        and You

Rats arrive
Looking for something new
But there's nothing to
       chew on
Not even a clue

What now comes between us?
    Sing cuck-cuckoo!

Taoi ionam is fós lastall, conas?

Taoi ionam is fós lastall, conas?
Má ba cheist í riamh anall
Ní ceist a thuilleadh í.
Ní cheistím Thú
Ní cheistím mé féin
Doirtim an freagra
Ar fud a bhfuil ann
Is nach bhfuil ann
Maidin is oíche
Is fós ní leor é
Mar, tuig seo –
Níl ceist ann, níl, níl
Mar sin níl freagra

You are in me yet beyond, how?

You are in me yet beyond, how?
Has it always been the question?
A question no more.
I do not question You
I do not **quest**ion myself
I pour the answer
Over all that is
And is not
Morning and night
And yet it does not suffice
Because, understand this –
There is no question, no, no,
And so, no answer

Gealtachas

Treoraíonn tú as néalta mé...
Cathain a lonraís an chéad uair?
Nó cad a bhraitheann gráinneog
Nuair a fhéachann sí ort
Nó mac tíre
Nó máthair shúigh?
Tar anuas
Líon mé

Lunacy

You lead me from clouds ...
When first did you shine?
Or what is it a hedgehog feels
When it looks at you
Or a wolf
Or a squid?
Come down
Fill me

82

Sú na bhFraochán

Sú na bhfraochán
Deineann sofheicthe arís Thú
Phiocainn iad im gharsún **dom**
Gan fhios agam gurbh Uaitse iad
Gan fhios do m'aigne
Gan fhios **dom** thuiscint
Ní gan fhios **dom** mhéara
A d'oilis chun Tú a mhuirniú

Whortleberry Juice

Whortleberry juice
Makes You visible again
I used to pick these berries as a child
Not knowing they were fr**om** You
My mind not knowing
My understanding not knowing
But my fingers knew—
You had trained them to fondle You

Eolaíocht (2)

Níl faic ar eolas
Ag an eolaíocht
Gan eolas aici Ortsa.
Cé atá ag faire ar an soicind seo?

Tá úll ar tí titim.
Do bhliainse á hiomlánú.
An chéad úll?
Cathain a foirmíodh é?
Cathain?
Cén fáth?

Science (2)

Science knows
Absolutely **no**thing
Not **kno**wing You.
Who is it watches this second?

An apple is about to fall.
Your year is fructifying.
The first apple?
When was it formed?
When?
Why?

Cé hí?

'Cé hí an bandia seo agat?
Cé hí?
Fantaisíocht, cuirfidh me geall.'

'An é nach léir duit í?'
'Ní léir!'

'Is léire ná an lá í
is léire ná an oíche ...'

'Ní léir domsa í ...'

'Sí an lá san oíche í
an oíche sa lá ...'

'Ní fheicim í ...'

'Féach ionat féinig!'

'Deacair ...'
'Féach mar sin
ar shioc an bhandé
ar an bhféar.'

Who is she?

'Who is this goddess of yours?
Who is she?
'Pure fantasy, I wager.'

'Is she not clear to you?'
'No, she is not.'

'Clearer than day is she
clearer than night ...'

'Not clear to me ...'

'Day in night is she
night in day ...'

'I see her not ...'

'Look inside yourself!'

'Difficult ...'
'Then look
at her frost
covering the grass.'

Tóg Chun do Dhraenacha Mé

Ní chloisim an bháisteach os cionn an tráchta
Ach chím Do chuilithíní á síorleathnú
Tóg chun do dhraenacha mé
Síos faoin gcathair linn
Áit a nglanann na francaigh a bhféasóga
In ómós Duit
Do dhorchacht i réim

Take Me to Your Drains

I cannot hear the rain above traffic
But I see Your ripples everexpanding
Take me to Your drains
Let's go beneath the city
Where rats clean their whiskers
In homage to You
Your darkness reigns

Le Breis is Míle Bliain

Mo ghrá Thú!
Gach soicind.
Nuair a chorraíonn an ghaoth an féar
Lingim Chugat ion**am**
Id bharr**óg** dhorcha soilsím
Is mé Aimhirghin—cé eile?—
Mholas T'ainm thar chách

For More than a Thousand Years

I love You!
Every second
When wind rustles the grass—
Now and tomorrow –
I leap to You in me
In your dark embrace I shine
I am A**me**rgin—who else—
I have p**raised** Your name over all.

Mhaireas

Mhaireas. Mairim. Mairfead
Id ghrásta!
Chaoineas. Caoinim. Caoinfead
Binngháire Duit.
D'osclaíos. Osclaím. Osclód
Go lasánta Ionat.
D'aithníos. Aithním. Aithneod
Gach lá Thú!

I Lived

I lived. I live. I shall live
In Your grace!
I wept. I weep. I shall weep
Sweet laughter for You.
I opened. I open. I shall open
In You afire.
I knew. I know. I shall know
You each day of my life!

Eolaíocht (3)

Ag síorleathnú atá an Chruinne
Is amhlaidh don Chroí
Tumaimse na briathra leáite seo
Sa Chroí-Chruinne
Níl aon lár acu a thuilleadh
Bhí do Nádúrsa uaim
Go dóite is go hiomlán
Scaoiltear ár ndúchas ar fud na síoraíochta

Science (3)

The Universe expands for ever
As does the Heart
Plunging these melting words
Into the Heart-Universe
They no longer have a centre
Burningly I desired Your Being
Now our nature is released throughout infinity

Seol do Shneachta Chugainn go Luath

Seol do shneachta chugainn go luath
Is scrios an **dom**han go mín
Tit i Do chalóga gan áireamh

Lig dúinn Do ghrásta a bhlaiseadh
ar ár dteanga

Bí caoin ar lorg an tsléibhe
Cineálta sa nead
Suigh tamall ar gach dealbh is ar gach leacht

Lig do pháisti breith Ort is spraoi Leat

Lig dod bháine soilsiú
i gcroí na baintrí
is an dílleachtaí
is an dídeanaí

Cealaigh scáthanna

Send Your Snow Soon

Send Your **snow** soon
Gently destroy the world
Fall in flakes numberless

Let us taste **Your** grace
on our tongue

Be kind on mountainsides
Gentle in nests
Sit a while on statues and
                    monuments

Let children catch You,
            play with You

Let **Your** brightness shine
in the widow's heart
the orphan
the refugee

Wipe out all shadows

Advaita

Sularbh ann don fhiolar
Sularbh ann don mhuir
Sularbh ann don dair
    Is ann Duit
Sularbh ann don loch
Sularbh ann don néal
Sularbh ann d'Éirinn
    Is ann Duit
Sularbh ann don dán seo
Chuisligh sé Ionat
Sularbh ann don ghrian is don ghealach
Is solas Sinn
    Faic thairis

Advaita

before the eagle was
before the sea
before the oak was
    You are
before the lake was
and the cloud
before Ireland
    You are
before this poem was
it pulsed in You
before the sun and moon
We are light
    nothing else

Printed in the United Kingdom
by Lightning Source UK Ltd.
118537UK00001BA/146